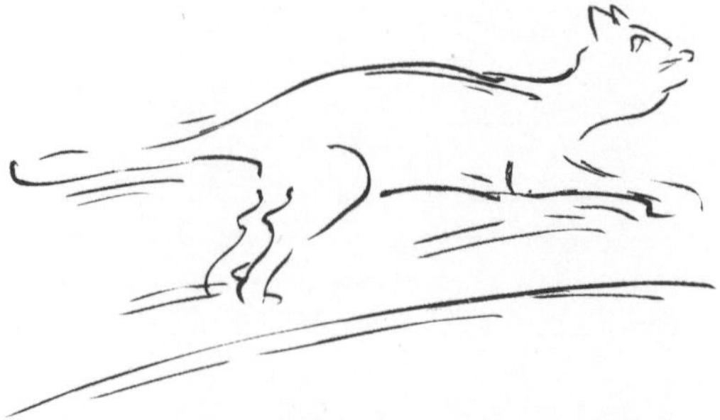

Gaymanns Katzenwelt

Was sich Katzen wirklich wünschen

Cartoons von Peter Gaymann
Mit Praxistexten von Gerd Ludwig

Inhalt

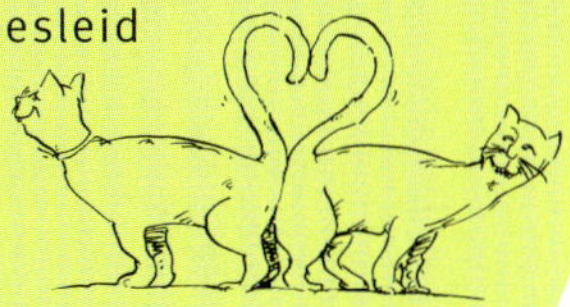

Meine Tür!
Mein Haus!
Raus!!
P. GAY

Ein Hauch von Luxus

Was Wohnungskatzen wirklich brauchen

Ein delikates Menü, das daunenweiche Schlummerkissen, den privaten Fitness-Parcours: Das braucht Katze, das freut Katze. Aber erst unser Mensch macht die Wohnung zur Wohlfühlwelt. Zuhause heißt für uns Katzen Zuspruch, Zuverlässigkeit, und Zärtlichkeit. So viel Luxus muss sein.

Von Liebe und Geborgenheit

Lass mich dein Kuschelmonster sein!

„Für Hunde ist Herrchen der Nabel der Welt, für Katzen ist es ihr Zuhause." Ein Ammenmärchen, das heute noch durch die Köpfe spukt, obwohl es Millionen Katzenfreunde besser wissen: Katzen brauchen den Menschen mehr als alles andere, mehr gar als die eigene Verwandtschaft. Katze und Mensch – eine erstaunliche, oft rätselhafte Beziehungskiste, heute wie vor zigtausend Jahren, als man erste zarte Bande knüpfte. Aus freien Stücken suchten die wild lebenden Vorfahren unserer Sofatiger die Nähe des frühen Menschen, und garantiert nicht nur wegen der verlockenden Fleischtöpfe. So wechselvoll die Geschichte der ungleichen Partner verlief, nie hat sich die Katze in totale Abhängigkeit begeben wie andere Heimtiere. Auch beim zärtlichsten Schmusekätzchen lauert das wilde Erbe keine Krallenbreite unter dem samtigen Pelz. Wie wach ihre Jagdinstinkte sind, beweisen Revierkatzen tagtäglich.

Katzen buhlen nicht um Zuneigung, sie fordern ohne falsche Scham. Wenn es Liebe ist, ist sie ehrlich und offen, devotes Köpfchengeben ist ihnen fremd. Kein Wunder, dass immer mehr Menschen vom Virus der wahren Liebe befallen werden. Längst hat die Katze anderen Heim- und Hausfreunden den Rang abgelaufen. Leicht macht sie es uns nicht, ihre Ansprüche sind hoch, ihre Vorstellung von einer harmonischen Katzen-Menschen-Welt klar definiert. Im Zentrum ihres Universums ist nur Platz für zwei: Wer das eherne Gesetz nicht achtet, handelt sich die schönste „Ehekrise" ein. Eifersüchtige Katzen sind sehr kreativ, wenn sie ihrem Missfallen Ausdruck verleihen. Häufigste Störfaktoren: mangelnde Zuwendung wegen neuem Partner, Baby oder zweitem Heimtier und ständige Abwesenheit. Die abendliche Schmusestunde ist Pflicht. Und Balsam für die Seele. Nicht nur für die Katze.

Ich werd' noch wahnsinnig
P. GAY

Wohnen mit Verwöhnaroma

Ein kuscheliges Ruheplätzchen, der private Toilettenbereich, das eigene Ess- und Trinkgeschirr und ein stabiler Kratzbaum – das sind die Basics jeder Katzenwohnung. Doch ein bisschen mehr als Standard sollten Sie Ihrer Mieze gönnen, damit sie sich in Villa Sorglos rundum wohl fühlt.

Romeos Traum

Ich bin dein Betthupferl!

„Es ist mir schleierhaft, warum sich Cornelia manchmal ziert: In der Woche komme ich ihr als Fußwärmer gerade recht, nur am Sonntag, wenn sie ausschlafen will, darf ich nicht ins Schlafzimmer. Dabei bin ich der angenehmste Bettgenosse, den ich mir vorstellen kann. Und als Kuschelbärchen der absolute Testsieger. Ich selbst habe natürlich null Probleme, die Nacht in meinem Korb zu verbringen, Cornelia aber wird ohne meine Nähe auf Dauer garantiert psychisch Schaden nehmen. Als Mann im Haus hat man ja schließlich Verantwortung. Es braucht halt noch ein bisschen Nachsicht und Geduld, ich bin nun mal der erste Katzenmann in ihrem Leben. Aber irgendwann muss Cornelia sich entscheiden: rein oder raus. Einmal hott und einmal hü geht mit mir nicht.“

Kuschelfalle

Home, sweet home: hat in Katzenkreisen besondere Bedeutung. Wer täglich 16 und mehr Stunden verdöst, legt Wert auf ein gepflegtes Schlafzimmer. Warm soll es sein und kuschelig, vor allem aber ruhig. Katzencouch, Lammfell oder Schlafhöhle haben im Verkehrsgewühl von Küche und Kinderzimmer nichts verloren. Perfekt: die zugfreie Ecke oder Nische neben dem Schrank. Sauberkeit ist Trumpf: Decken und Überzüge sind waschbar.

Häuschen mit Herz

Kreativität zählt: Katzentoiletten gibt es in unzähligen Farben und Formen, Größen und Preisklassen, von der Streuschale bis hin zum Fünf-Sterne-Geschäftshaus. Den Katzen sind Designer-Modell und Trendfarbe schnuppe, sie fordern nur penible Sauberkeit, frische Einstreu, Sichtschutz und Platz zum Drehen und Scharren. Überhöhter Schalenrand verhindert Streu-Verluste. Teilwechsel der Streu täglich, Heißwasserreinigung wöchentlich. Chemiereiniger sind tabu. Katzenstreu muss geruchsbindend und biologisch abbaubar sein.

Workout-Center

Ausreden zählen nicht: Ein Kratzbaum gehört in jedes Katzenhaus! Gut für Kletter- und Turnübungen und die wichtige Krallenpflege, was meist Möbel und Teppiche vor unschönen Kratzspuren schützt. Auch Katzen mit Auslauf brauchen ihren Kratzbaum. Mit Sitzwarten, Kuschelhöhlen und Kletterseilen wird er noch attraktiver. Er sollte in der Nähe des Ruheplatzes stehen. Modelle gibt es in vielen Formen, Größen und Preislagen.

Wer Mieze ins Bett lässt, darf ihr die Erlaubnis später nicht mehr verweigern. Sonst gibt's Ärger.

Speisen mit Stil

Bitte keinen ausgedienten Teller vom Uralt-Service! Einen eigenen Futternapf und die richtige Wasserschüssel sollte Ihnen Ihre Katze wert sein: aus Edelstahl oder Keramik, stabil und kippsicher, rutschfest auf einer Gummimatte platziert. Täglich mit heißem Wasser ausspülen.

It's Playtime

Von wegen nur Freizeitspaß, Spielen ist für Katzen viel mehr: Es hält die Instinkte wach, den Körper fit und trainiert die Reaktionsfähigkeit. Zum Jagdspiel reizt alles, was klein ist und sich bewegt: Spielmaus, Federwedel oder Tischtennisball.

Wellness-Specials

Katzen haben sehr persönliche Ansichten von ihrer Wohnwelt. Bieten Sie Ihrem Tiger Aussichtsplätze auf der Fensterbank, Hochsitze auf dem Schrank und Wärmeinseln neben der Heizung an. Tierisch beliebt: Höhlenwohnung mit Ausguck, zum Beispiel im Umzugskarton mit Gucklöchern.

Lust auf Grünes

Katzen knabbern gern an Grünzeug. Genau richtig: Katzengras, das es fix und fertig als Schälchen im Zoofachhandel gibt. Auch Baldrian, Thymian, Katzenminze, Zitronenmelisse oder Zypergras werden unter Garantie nicht verschmäht.

Bist du auch lieber draußen?
Drin stinkts immer so nach Katzenklo!
T. GAY

Zu zweit ist man nie allein

Katzen gelten als Einzelgänger. Das stimmt und doch auch nicht. Natürlich braucht eine gewiefte Jägerin, die sich – wie weiland in den harten Zeiten vor Erfindung der Futterdose – selbstständig versorgen kann, weder Assistenz noch Rudelgenossen. Doch mit der Unverträglichkeit, die man ihr gerne attestiert, ist es so weit nicht her. Im Gegenteil: Katzen können erstaunlich tolerant sein. Zweibeinern gegenüber sowieso, aber auch in Hausgemeinschaften mit anderen Heimtieren. Immer mehr berufstätige Singles kommen auf die Katze. Statt der leeren Wohnung erwartet sie eine liebevolle und zärtliche Mitbewohnerin – ein gewichtiges Argument, sich nicht länger bis Mitternacht hinter Aktenbergen zu verkriechen.

- **Single-Katzen:** Sie passen ihren Tagesrhythmus dem des Partners an und nutzen seine Abwesenheit zum Schönheitsschlaf. Aber auch Weltmeister der Siesta schlafen nicht ewig: Katzen, die länger als sechs Stunden täglich alleine sind, langweilen sich. Sie sind frustriert und unglücklich und entwickeln eine Menge Untugenden. Da helfen selbst großzügige Spiel- und Beschäftigungsangebote nicht, da hilft nur eine zweite Katze.
- **Zwei Katzen:** Völlig easy läuft es, wenn Wurfgeschwister gemeinsam aufwachsen. Auch Mutter und Sohn vertragen sich blendend. Ebenso Jungkatze und erwachsener Kater. Mehr Fingerspitzengefühl ist nötig, wenn ein Kätzchen zur erwachsenen Katze kommt oder Kater und Katze aneinander gewöhnt werden. Besonders kapriziös geben sich zwei Katzendamen. Aber selbst bei ihnen ist oft alles nur heiße Luft. Nach ein paar Wochen sind Ärger und Eifersucht vergessen und die beiden ein Herz und eine Seele. Eines bleibt davon gänzlich unberührt: Der Lieblingsmensch ist immer die Nummer Eins.

Romeo ist skeptisch

Ob das gut geht?

„Frauen! Da macht man sich Mühe, hat jede Menge Geduld und Nachsicht, aber was ist das Ende vom Lied? Sie schleppt fremde Männer an! Und das mir. Wo Cornelia genau weiß, dass ich mit ihr wunschlos glücklich bin. Aber nein, sie bringt mir darüber hinaus auch noch ein Tier ins Haus. Damit ich tagsüber nicht so alleine bin, sagt sie. Und was: natürlich eine Katze. Wo es ein Aquarium mit Fischen auch getan hätte. Schlafkorb und eigenen Futternapf hat sie dem Frauenzimmer auch schon spendiert. Na gut, ich muss zugeben, dass sie sich bis jetzt sehr zuvorkommend verhalten hat. Sie stört meine Kreise nicht und bleibt meinen Lieblingsplätzen fern. Das gehört sich auch so: Ich bin schließlich der Ältere. Aber vielleicht ist sie ja doch ganz nett und jemand zum Plaudern wär' schon schön."

Der Katzenmenschen-Test: Und der soll zu mir passen?

1 **Hat er überhaupt genug Zeit für mich?**

Den Spruch kennen wir: „Hunde sind mir zu stressig, Katzen kann man auch mal allein lassen." Eine Katze ist kein Möbelstück, das man nur ab und zu abstauben muss. Wir brauchen eine Riesenportion Zuwendung. Täglich!

2 **Und was ist mit seiner Zuverlässigkeit?**

Kaum etwas geht uns mehr gegen den Strich als Zeitgenossen, die Termine nicht einhalten, irgendwann oder gar nicht nach Hause kommen, die Fütterungszeiten vergessen und Spielstunden absagen. Dann ist Zoff angesagt.

3 **Sorgt er dafür, dass es mir gut geht?**

Gesundes Futter, eine saubere Toilette, ein bisschen Unterstützung bei der Körperpflege, ein ruhiges Plätzchen zum Schlafen – das ist das Mindeste, was ich erwarte. Und die Tierarzttermine darf er auch nicht vergessen.

4 **Wie sieht's denn mit der „Kohle" aus?**

Über Geld spricht man eigentlich nicht. Aber trotzdem: Ein paar Euro sollte er schon für mich einplanen. Damit ich nicht irgendwann von Küchenabfällen leben muss oder die jährliche Impfaktion ersatzlos gestrichen wird.

5 **Was weiß er eigentlich von mir?**

Ich bin nicht auf den Mund gefallen und erkläre ihm schon, was eine Katze alles braucht. Aber wenn er sich echt für mich interessiert, dann macht er sich vorher schlau. Katzenbücher gibt's genug. Und Züchter und Vereine auch.

6 **Wie steht's mit den Kindern?**

Ehrlich, wir haben nichts gegen Menschenkinder. Aber ohne ein bisschen Erziehung sollten sie nicht auf uns losgelassen werden. Wenn es uns mal zu viel wird und wir uns wehren, heißt es dann gleich wieder: hinterhältiges Katzenvieh.

HERRCHEN ENTLAUFEN
Hört auf den Namen KALLI oder KARL-HEINZ
Finderlohn: 10 Mäuse !!!
Tel 0121-201535

Oooh jaaaa-
tut das gut!!
Etwas tiefer links
juckts auch noch!
T. GAY

Bitte gaaaanz sanft!

Wie man Zoff mit seiner Katze vermeidet

Zugegeben, wir Katzen sind manchmal ein bisschen eigen und dickköpfig. Aber nie unverträglich. Meist lernt unser Katzenmensch schnell, was wir wollen – alles eine Frage der Erziehung. Hat er's begriffen, darf er sich ein paar Streicheleinheiten abholen.

Von der Etikette und dem richtigen Umgang

Zugeständnisse? Wer? Ich !!??

Eigenbrötlerisch, unverbesserlich und nix dazu gelernt! Sagen die, denen das aufmüpfige und eigenwillige Wesen der Katze ein Dorn im Auge ist. Und finden Frieden bei der Hundekonkurrenz, die ihnen jeden Wunsch von den Augen abliest, bereitwillig Zeitung und Pantoffeln apportiert, für den Boss durchs Feuer geht und ihn bei Bedarf mit Zähnen, Krallen und dem eigenen Leben verteidigt. Schön blöd, sagt die Katze und würde sich nie und nimmer den Kittel für wen auch immer verbrennen. Katzen sind stolz auf ihre Selbstständigkeit und ihren freien Willen und haben sich im Innersten keine Pfotenbreite vom wilden Wesen ihrer wilden Vorfahren entfernt.

Warum aber um Himmels willen, so mag sich der katzenunerfahrene Zeitgenosse fragen, suchen sie dann aus eigenem Antrieb und offenkundig freudig die Nähe des Menschen, teilen mit ihm Sofa und Bettstatt, kehren von Reviergängen pünktlich nach Hause zurück und lassen sich mit Leckerkram voll stopfen und mit plumpen Streichelattacken verführen? Des Rätsels Lösung ist simpel: Katzen sind die geborenen Opportunisten, sie nehmen sich das, was ihnen gut tut und bleiben dort, wo man ihnen gut tut. Das spart Energie, macht Sorgen ums tägliche Brot überflüssig, garantiert Geborgenheit und Wärme. Wer jedoch Dankbarkeit erwartet für Gourmethappen, Kuscheldecken und Wellness-Einheiten, der versteht die Katzenseele nicht.

Hier bin ich und ich will ...! Im Selbstbewusstsein der Katze gibt es keine Kratzer und Dellen, sie pocht auf ihre Rechte und stellt Forderungen unverblümt und penetrant. Gegenleistung? Nicht die Bohne. Vielleicht macht aber gerade das „schamlose“ Anspruchsdenken ihre Faszination aus. Die Katze ist so, wie wir gerne sein möchten. Und es doch nie schaffen werden.

Scheiss-
Beziehung
T. GAY

Eine kleine Katzenkunde für Einsteiger

„Schau mir in die Augen und du schaust mir in die Seele!“ So rätselhaft Katzenaugen auf uns wirken, sie sind ein zuverlässiges Stimmungsbarometer. Katzen sprechen Klartext, wenn ihnen etwas wichtig ist, und setzen verschiedene Muster der Mimik, Laut- und Körpersprache gleichzeitig ein. Damit es auch der begriffsstutzigste Zweibeiner versteht.

Diese fünf Sprachbilder sollten Sie kennen, falls Sie einmal mit Nachbars Kater ins Gespräch kommen und beim eigenen Haustiger nicht wegen sprachlicher Defizite in Ungnade fallen wollen.

- **Freundlich und friedlich:** alles im grünen Bereich. Ohren nach vorne gerichtet, Augen groß, Pupillen normal, Schnurrhaare zur Seite, Kopf erhoben, Körper gestreckt, Schwanz bewegungslos.
- **Neugierig auf alles:** Kopf vorgestreckt, Schnurrhaare nach vorne abgespreizt, Pupillen verengt, Schwanz vor Anspannung zuckend.
- **Bitterböse und drohend:** Die Katze macht Front zum Gegner. Beine durchgedrückt, Hintern hochgereckt, Augen starr und fixierend, Ohren nach hinten gedreht, Schwanz nach unten abgeknickt.
- **Voll auf Abwehr:** Sieht es bei Konfrontation mau aus, tritt die kluge Katze den Rückzug an. Das klappt am besten, wenn man Stärke mimt: mit Katzenbuckel und abgespreiztem Fell, abgeknickten Ohren, starr ins Leere blickenden Augen. Dabei faucht und spuckt man, was das Zeug hält.
- **Unterwürfig und hasenfüßig:** Klein machen heißt die Devise. Hinterbeine eingeknickt, Körper an den Boden gedrückt, Ohren und Schnurrhaare angelegt, Schwanz unter den Körper geschlagen.

Alles halb so wild

Katzen spielen nie die zweite Geige. Der Gedanke, sich zu bescheiden, bei den Ansprüchen kleinere Brötchen zu backen oder gar den Kindern und dem Familienhund Vorrechte einzuräumen, ist ihnen völlig fremd. Das nimmt den Katzenmenschen ziemlich in die Pflicht. Nachlässigkeiten und Schlamperei werden sofort zur Anzeige gebracht. Passiert's nur selten, kommen Sünder mit einem Verweis davon, bei hartnäckigen Wiederholungstätern kennen Katzen kein Pardon und greifen in die große Kiste ihrer Missfallenskundgebungen, von der vergleichsweise harmlosen beleidigten Leberwurst bis zum Hungerstreik oder auch der Trennung von Tisch und Bett. Es ist am Menschen, Besserung zu geloben und sein bisschen Katzenverstand möglichst schnell zu optimieren. Katzen haben ein großes Herz, nach einigen Extra-Schmusestunden und einer Sonderration feinster Fleischwaren ist der Fauxpas auch schon so gut wie vergessen.

Probleme im Katze-Mensch-Alltag gibt's besonders häufig bei Terminvereinbarungen, die nicht eingehalten werden, und bei müffelnder Katzentoilette. Wenn man den ganzen elend langen Tag geduldig auf seinen Lieblingsmenschen wartet, ist es ja wohl nur fair, wenn er pünktlich nach Hause kommt. Einmal überziehen ist okay, aber bitte nicht jeden zweiten Abend! Noch weniger Verständnis bringt die liebste Katze von allen für abgesagte Spiel- und Schmusestunden auf. Sie sind schließlich das Highlight ihres Tages und nie und nirgends kann man dem Partner besser zeigen, wie sehr man ihn mag. Mit den Kindern tollt man ja gerne herum, aber sie müssen endlich lernen, die Siesta zu respektieren. Irgendwann kann auch die friedfertigste Katze für nichts mehr garantieren, wenn sie ständig unsanft aus ihrem Schönheitsschlaf gerissen wird. Und der dickste Hund zum Schluss: Stinkt die vernachlässigte Toilette mal wieder heftig zum Himmel, bleibt nichts übrig, als sein „Geschäft" eben anderswo zu erledigen.

Auf Schmusekurs

Schmusen und Streicheln – die einzig wahre Nahrung für sensible Katzenseelen und mindestens so lebenswichtig wie die Leckerbissen im Futternapf. Katzen, die sich mögen, kuscheln auch gerne miteinander, doch die Schmusestunde mit dem Lieblingsmenschen ist der absolute Katzentraum.

Julia ist eigen
Mein Bauch gehört mir!

„Für unser abendliches Schmusestündchen sterbe ich! Zum Glück ist Cornelia heute schon im Bett und ich habe Matthias ganz für mich alleine. Wir machen es uns auf dem Sofa so richtig gemütlich. Nebenher telefonieren oder fernsehen ist natürlich nicht drin, da bin ich anspruchsvoll. Vor allem aber, weil wir mitten in der Ausbildung sind und Matthias den Streichelkurs endlich bestehen soll. Hinter den Ohren und unterm Kinn kraulen klappt ganz gut, nur dass ich es an den Pfoten und am Bauch partout nicht ertragen kann, will ihm wohl nicht in den Kopf. Manchmal komme ich um erzieherische Maßnahmen nicht herum. Dann ist der Abend leider gelaufen. Zum Glück sind wir beide nicht nachtragend und am nächsten Morgen scheint wieder die Sonne.“

Zeit für Zärtlichkeit
Vorfreude ist die schönste ... Vereinbaren Sie mit Ihrer Katze feste Kuscheltermine, am besten am Abend, wenn beide Seiten ihr Tagwerk erledigt haben und die Zweisamkeit entspannt genießen können. Und bitte nicht vergessen: Es braucht sehr triftige Gründe, wenn Sie die Schmusestunde schwänzen. Sonst wird jemand sauer.

Wie hätten wir's denn gern?
Auch Katzen haben Launen. Wer ist schon immer in Bestform!? Machen Sie Ihrer Mieze deshalb Streichelangebote, und sie entscheidet, wonach ihr der Sinn steht. Schnuppertest: den Handrücken vor ihre Wange halten, sie unterm Kinn und hinter den Ohren kraulen, zum Köpfchengeben animieren.

Was (fast) alle Katzen mögen
Wenn Sie mit leichtem Druck ihre Flanken streicheln, sanft über den Rücken bis zur Schwanzspitze fahren, sie am Hals kraulen, die Finger an ihre Wange legen (den Rest macht sie selbst) und mit den Fingerspitzen über die Stirn streichen: Da schnurrt Kätzchen!

Was (fast) alle nicht mögen
Derbes Anfassen, Festhalten an Schwanz und Pfoten, Streicheln gegen den Fellstrich, Berühren der Ohrmuscheln: Da steigt Ihre Katze ganz schnell aus. Ebenso beim Anpusten oder Anschreien.

Ende der Vorstellung
Schmusestopp: Sie stemmt sich mit den Beinen gegen Ihren Körper, warnt mit bösem Blick, erhobener Pfote und zuckendem Schwanz, wehrt sich gegen Ihren Griff. Sie will jetzt ihre Ruhe haben.

Kein bisschen müde: „Hallo Partner, spiel mit mir!“ Ein Schmusestündchen ist aber auch okay.

KOOOMM!
Bring Frauchen
das Oberteil!!
T. GAY

Ich bin doch keine Meerkatze!

Strandleben? Nein, danke. Nur so zum Vergnügen ins Wasser gehen? Der blanke Horror. Ein echter Katzenfreund akzeptiert ohne Wenn und Aber, dass wir völlig andere Vorstellungen von Ferien, Freizeit und Faulenzen haben. Und wo keine Kompromisse in Sicht sind, muss man eben konsequent sein: Gemeinsam mit Kind und Kegel auf große Urlaubsreise zu gehen, ist einfach nicht unser Ding.

Die endlose Tour in der heißen, stinkenden und schaukelnden Blechkiste zerrt an den Nerven, endlich angekommen ist alles fremd, nirgends ein Plätzchen, wo man sicher und geborgen ist, und die Familie lässt einen den ganzen Tag allein. Da gibt's nur einen Weg, um allen Stress und Ärger zu ersparen: Ihr dürft ans Meer, wir bleiben zu Hause. Aber sorgt bitte dafür, dass es uns gut geht.

Sie hatten Halbpension?
GRAND HOTEL
T. GAY

Daheim ist’s am schönsten

Gewissenbisse gehören nicht ins Urlaubsgepäck. Müssen sie auch nicht, wenn man ein Rundum-Sorglos-Paket für seine daheim gebliebene Katze schnürt. Das gibt es in verschiedenen Varianten.

➤ **Sorglos-Paket Nr. 1:** Mieze bleibt in der vertrauten Wohnung. Hier hat sie alles, was sie kennt und schätzt – von Kuscheldecke und Kratzbaum bis zum Vorzugsfensterplatz und ihrem Lieblingsspielzeug. Die Betreuung übernehmen Freunde, Bekannte oder Nachbarn. Die sollten schon ein bisschen Katzenpraxis mitbringen und mit dem Urlaubs-Waisenkind auf gutem Fuß stehen. Mit Futterration und Frischwasser ist es allerdings nicht getan. Gerade allein gelassene Katzen brauchen viel Zuwendung, um über die langen Solozeiten hinweg zu kommen. Minimalofferte: ein halbes Schmusestündchen, ein paar Runden „Fang den Ball!“, ein Gespräch unter Freunden, eine Portion Frischluft auf dem (katzensicheren) Balkon. Auslauf allerdings ist abgesagt, auch wenn Mieze erwartungsvoll hinter der Haustür steht.

➤ **Sorglos-Paket 2:** Der Catsitter kommt ins Haus. Catsitter sind Katzenmenschen mit einem besonderen Händchen und viel Erfahrung. Kontakt mit einem der guten Katzengeister in Ihrer Nähe knüpfen Sie über Katzenvereine und Telefonbuch. Wichtig: Wer frühzeitig bucht, vermeidet Terminprobleme. Darüber hinaus muss ein Catsitter sein neues Pflegekind und dessen Zuhause natürlich schon vor dem Urlaub kennen lernen.

➤ **Sorglos-Paket 3:** Die Katze zieht zu Freunden. Dann sollte sie mit Urlaubsdomizil und Bewohnern schon vertraut sein. Vielleicht frischt sie hier ja sogar eine alte Katzenfreundschaft auf.

➤ **Sorglos-Paket 4:** Ein Platz in der Katzenpension. Grundsätzlich vorab in Augenschein nehmen, auf saubere Unterbringung und geschultes Personal achten. Termin frühzeitig vereinbaren.

Romeo fragt sich

Und was ist mit Seelsorge?

„Da fahren die beiden nun. Drei Wochen Rimini. Zum Glück kommt keiner auf die Idee, uns Katzen mit auf die Reise zu nehmen. Und irgendjemand muss schließlich das Haus hüten. Vielleicht tut eine Auszeit unserem Nervenkostüm ja auch ganz gut. Das gesamte Haus für uns, keiner schickt uns aus dem Zimmer oder schlägt uns die Tür vor der Nase zu. Nicht schlecht. Tante Erika wohnt nur vier Straßen weiter. Sie macht den Dosenöffner, morgens und abends. Besonders herzlich ist sie allerdings nicht, kaum mal ein liebes Wort. Und ehe ich den Napf leer habe, ist sie auch schon wieder aus der Tür. Drei Wochen ohne Zuspruch, Streicheln und Schmusen. Sie fehlen mir schon jetzt, meine beiden Lieblingsmenschen. Nur gut, dass mir wenigstens Julia Gesellschaft leistet.“

Die Wahrheit über unseren „miesen“ Charakter

1

Katzen sind hinterhältig.

Leider typisch: Man hat keinen Bock mehr auf Schmusen und macht das auch deutlich. Aber keiner guckt hin. Also wird man irgendwann „handgreiflich“. Schon heißt es: böse Katze, hinterhältige Katze. Dabei sind wir völlig schuldlos.

2

Katzen sind nachtragend.

Natürlich sind wir beleidigt, wenn man uns vernachlässigt oder sonst wie ins Fettnäpfchen tritt. Aber eine zweite Chance hat jeder. Nur wer unsere heiligsten Ansprüche ständig missachtet, den lassen wir eiskalt links liegen.

3

Katzen sind unverträglich.

Garantiert ein Spruch von Menschen, die nie mit Katzen gelebt haben oder neidisch sind auf unsere Selbstständigkeit. Manchmal mag es Anlaufprobleme geben, aber sonst kommen wir mit jedermann gut aus.

4

Katzen sind Mimosen.

Das ist eine Frage des Standpunkts. Was manche als Überempfindlichkeit bezeichnen, ist für andere Ausdruck einer sensiblen Persönlichkeit. Allemal besser als ein Klotz mit dicker Haut, dem alles gleichgültig ist.

5

Katzen sind nicht lernfähig.

Dümmer geht's nimmer! Zumindest die Verhaltensforscher haben es geschnallt: Wir sind bestimmt nicht auf den Kopf gefallen und lernen extrem schnell. Aber nur dann, wenn es uns interessiert und Sinn macht.

6

Katzen kann man nicht erziehen.

Erziehung heißt ja wohl, jemanden nach seinen persönlichen Vorstellungen zu backen. Das funktioniert mit Katzen nur dann, wenn sie es selbst auch wollen und ihren Spaß daran haben. Gegen unsere Natur läuft da sonst rein gar nichts.

ICH
ICH WARS NICHT!

T. GAY

Schön und gepflegt

Was Outfit und Gesundheit gemeinsam haben

Mit Selbstüberschätzung hat das nichts zu tun: Wir sind nun einmal schön. Unser Body ist die Krönung, unsere Bewegungen sind eine Augenweide. Wir arbeiten auch hart dafür, halten uns fit und pflegen uns rund um die Uhr. Die Devise lautet: Ein gepflegter Körper ist ein gesunder Körper.

Von perfekter Pflege und bester Gesundheit

Bin ich nicht zum Anbeißen schön?!

Der Putztrieb braucht kein Vorbild: So unbeholfen Katzenbabys sonst noch sind, die große Wäsche ist die erste Aktion, die sie völlig selbstständig beherrschen. Ihr Reinlichkeitsfimmel begleitet sie ein ganzes Katzenleben lang. Dabei bedeutet die Lust an der Sauberkeit viel mehr als bloße Körperkosmetik. Die regelmäßige Putzorgie dient gleichermaßen der Gesunderhaltung und Krankheitsabwehr, stabilisiert das Wohlbefinden und fördert sogar die sozialen Kontakte. Was wir abfällig als Katzenwäsche bezeichnen, entfernt Schmutz und Schmarotzer sowie abgestorbene Haare, sorgt für ein glänzendes Fell, beseitigt Gerüche, massiert die Haut und fördert die Blutzirkulation. Die Pflegeutensilien hat jede Katze gewissermaßen on board: Multitalent Zunge als Kamm, Waschlappen, Fellstriegel und Massagebürste in einem, Pfoten und Krallen als Hilfsmittel für schwierige Körperpartien und hartnäckige Verschmutzungen.

Katzenwasche ist ein wichtiges Kommunikationsmittel. Schon bei den Kleinen in der Wurfkiste zählt gegenseitiges Putzlecken zum Standardprogramm, den erwachsenen Tieren erleichtert es das harmonische Miteinander. Nicht anders bei Mensch und Katze: Wer seine Mieze bei der Fellpflege unterstützt, fördert Gesundheit und Wohlbefinden und stärkt gleichzeitig die Partnerbindung. Tätigen Beistand brauchen vor allem Langhaarkatzen, die ihren üppigen Pelz nicht in Eigenleistung in Form halten können. Dankbar für Hilfsangebote sind aber auch alte, kranke, trächtige und übergewichtige Katzen. Vernachlässigte Körperpflege ist immer ein Alarmsignal, weil Katzen den angeborenen Reinlichkeitstrieb erst aufgeben, wenn es gar nicht mehr anders geht. Die regelmäßige Kontrolle von Fell, Augen, Ohren und Analbereich muss jedem Katzenbesitzer in Fleisch und Blut übergehen – ein Liebesdienst, auf den sein Liebling Anspruch hat.

BEAUTY
Kosmeticat
Wenn nicht alles so schweine-teuer wäre!
Ach komm – Selber lecken tut's auch!!
P.GAY

Das Pflege-Einmaleins

Katzen, die von klein auf damit vertraut sind, genießen den Pflegedienst mit Kamm und Bürste wie eine Schmusestunde. Die frühe Gewöhnung an bestimmte Handgriffe erleichtert auch den Umgang mit kranken oder verletzten Tieren und kann im Notfall wertvolle Zeit sparen helfen.

Julia meint

Das kann ich alles selbst!

„Lieb gemeint, wenn mir Matthias bei der Körperpflege assistieren möchte und sich bereitwillig mit der Bürste bewaffnet. Meist aber stellt er sich dabei so unbeholfen an, dass ich danach die doppelte Zeit brauche, um mein Haarkleid wieder in Form zu bringen. Am besten, er schaut mir einmal genau bei meiner großen Wäsche zu. Aber eigentlich ist mein kurzer Pelz so pflegeleicht, dass ich seine Hilfe nicht täglich brauche, oder nur wenn ich mich irgendwo aus Versehen heftig mit Farbe oder Öl bekleckert habe. Und natürlich im Sommer, wenn die blöden Zecken wieder in jedem Gebüsch lauern. Vielleicht schaffe ich es aber auch, dass er die Bürste irgendwann ganz behutsam einsetzt. Dann wird aus dem kleinen Pflegedienst ein Extra-Schmusestündchen. Und dazu sage ich nie nein.“

Vor allem das Fell

Das Fell einer Katze muss Hitze, Kälte, Wind und Wasser trotzen. Das funktioniert nur bei perfekter Pflege. Kurzhaarkatzen schaffen das in der Regel selbst. Bei ihnen genügt es, mit dem Gummihandschuh einmal pro Woche die toten Haare zu entfernen sowie Haut und Fell auf Flöhe und Zecken zu inspizieren. Langhaar- und Halblanghaar-Rassen brauchen nicht selten tägliche Assistenz mit Bürste und Kamm, um ein Verfilzen des Fells zu verhindern. Wichtig zu wissen: Reine Wohnungskatzen haaren stärker als Freigänger.

Zeigt her eure Füße!

Kälte, Schnee und Streusalz greifen auch die Füße der Katze an. Vorbeugend kann man die Pfotenballen mit Vaseline geschmeidig halten und auch vor Rissen schützen. Überlange Krallen treten meist nur bei reinen Wohnungskatzen auf. Ihr Tierarzt demonstriert Ihnen gerne, wie man sie mit einer speziellen Krallenzange sachgerecht kürzt.

Schöne Augen, saubere Ohren

Verklebungen und Tränen sollten mit einem feuchten Tuch entfernt werden. Dabei stets vom Auge weg wischen. Achtung: Übermäßiger Ausfluss kann von einem Fremdkörper verursacht werden. Ohrenschmalz mit angefeuchtetem Papiertaschentuch nur aus äußerem Gehörgang entfernen. Niemals Wattestäbchen benutzen.

Strahlend weiße Zähne

Gesunde Zähne sind weiß, Zahnstein verfärbt sie bräunlich grau. Der Tierarzt muss ihn dann entfernen. Trockenfutter beugt der Belagbildung vor.

Katzenwäsche heißt Hingabe und Ausdauer. Die Zunge ist Waschlappen, Kamm, Bürste und Striegel.

➤ **Gesund auf einen Blick:** Das gesunde Katzenfell ist dicht, sauber und ohne Bruch- und Kahlstellen. Stärkerer Haarausfall kommt nur während des Fellwechsels in Frühjahr und Herbst vor. Die Haut ist glatt und elastisch, frei von Entzündungen und Verletzungen. Die Augen sind ohne dauernd sichtbare Nickhaut (das dritte Augenlid) und Tränenfluss, die Ohren frei von Geruch und Ablagerung, die Nase trocken und warm, die Zähne frei von Karies und Zahnstein, die Schleimhaut der Mundhöhle rosarot, der After sauber und nicht verklebt. Die Krallen dürfen nicht gesplittert sein, die Pfotenballen sind frei von Rissen und Wunden. Der Harn ist nicht verfärbt, der Kot fest.

➤ **Nur im Notfall in die Wanne:** Baden bedeutet für Katzen Stress und ist bei gesunden Tieren nicht nötig. Verordnet wird ein Bad vom Tierarzt bei manchen Fell- und Hauterkrankungen oder nach Giftkontakt. In Wanne oder große Schüssel handwarmes Wasser bis etwa zehn Zentimeter Höhe einlaufen lassen. Katze behutsam hineinstellen, von den Beinen aufwärts anfeuchten und mit Spezialshampoo oder dem vom Tierarzt verordneten Mittel waschen. Gesicht nur mit feuchtem Tuch säubern. Shampoo vorsichtig ausspülen und Katze mit Handtuch trocknen. Keinen Föhn verwenden. Ausgehverbot, bis Haut und Fell wieder vollkommen trocken sind.

MASSAGE SALON
Woranf warten wir? Los! Rein!!
Aber wirklich nur streicheln lassen.
P. GAY

Pflegeplan für kranke Katzen

Kranke Katzen brauchen viel Ruhe und Wärme. Schlafplatz in Heizungsnähe platzieren und möglichst jede Störung vermeiden. Bei Tieren, die sich nicht selbst sauber halten können, Verklebungen im Fell und am After mit lauwarmem Wasser lösen, Ausfluss an Augen und Nase mit feuchtem Tuch abwischen.

➤ **Tabletten und Tropfen:** Wenn es um die medizinische Versorgung geht, zeigen sich Katzen nicht immer kooperationsbereit. Hat der Tierarzt Tabletten verschrieben, sollten Sie es zuerst mit der Direktmethode versuchen: Kopf der Patientin von hinten umfassen, mit Daumen und Zeigefinger leichten Druck auf die Mundwinkel ausüben, bis sich der Mund öffnet. Dann die Tablette weit hinten in den Rachen legen und danach den Mund geschlossen halten, bis die Tablette geschluckt wird. Spielt die Katze hier nicht mit, mischt man die Tablette zerkleinert unters Futter oder streicht sie ihr vermischt mit Vitaminpaste oder Quark auf den Pfotenrücken, wo sie meist sofort abgeleckt wird. Für Tropfen bewährt sich eine Einwegspritze (ohne Nadel), mit der die Lösung seitlich in den Mund gespritzt werden kann.

➤ **Augen- und Ohrtropfen:** Ziehen Sie mit Daumen und Zeigefinger die Augenlider ganz leicht auseinander und träufeln Sie dann die Tropfen vorsichtig ins untere Lid. Ohrtropfen langsam einträufeln und durch sanftes Massieren des Ohrgrundes im Ohr verteilen.

➤ **Fieber messen:** Mit Assistenz funktioniert das Fiebermessen am einfachsten. Dabei hält eine Person die stehende Katze an Vorderkörper und Bauch, während die andere das mit Vaseline eingefettete Thermometer zwei bis drei Zentimeter in den After der Katze einführt. Besonders schnell geht die Messung mit einem Digitalthermometer. Die Normaltemperatur beträgt 37,8 bis 39,2° C.

Julia schwärmt

Mmmhh – Massage!

„Wenn es ums Wohlfühlen und Relaxen geht, sind wir Katzen unschlagbar und brauchen weder gute Ratschläge noch Assistenz. Ich muss aber zugeben, dass meine Cornelia außergewöhnlich einfühlsam ist – jedenfalls für einen Menschen. Seit ein paar Wochen massiert sie mich jeden Abend und es ist der Himmel auf Erden! Cornelia hat tatsächlich goldene Hände, ihre sanften Massagegriffe sind eine einzige Wohltat. Danach bin ich absolut fit und frisch und bester Laune. Inzwischen kann es gar nicht schnell genug Abend werden, so sehr fiebere ich unserer Sitzung entgegen. Beim letzten Mal hat es Cornelia mit einer neuen Technik versucht und mit dem Finger auf einen bestimmten Punkt meines Bauchs gedrückt. Akupressur nennt sich das wohl. Gar nicht so schlecht …!“

In sechs Schritten zur Beauty-Queen

1 Bitte einmal kämmen und bürsten!

Unsauberkeit ist das Letzte, was man uns nachsagen kann. Wer ein so schönes Fellkleid trägt, hält es in der Regel selbst in Schuss. Doch ab und zu tut Kämmen und Bürsten richtig gut. Das ist fast wie Streicheln und Schmusen.

2 Schmarotzer müssen draußen bleiben.

Nicht, dass uns ein Floh oder eine Zecke irritieren würde. Aber in einem gepflegten Fell haben sie nichts verloren. Also geht die tägliche Inspektion durch unseren Menschen voll in Ordnung. Und das Flohhalsband auch.

3 Im Gesicht sind wir ziemlich heikel.

Gesichtspflege machen wir am liebsten selbst. Das kann sowieso niemand besser. Nur wenn es mal echte Probleme mit den Augen oder der Nase gibt, akzeptieren wir ein bisschen Hilfe. Aber bitte ganz sanft und nur mit Wasser.

4 An unsere Ohren darf nur der Profi.

Selbst bei penibler Körperpflege ist man vor hinterhältigen Milben nicht gefeit. Besonders gern nisten sie sich in den Ohren ein. Bloß nicht mit Wattestäbchen rumfummeln. Lieber gleich zum Onkel Doktor, der macht's richtig.

5 Mit der Zahnbürste? Na ja, ich weiß nicht ...

Es soll Katzen geben, die machen freiwillig den Mund für die Zahnbürste auf. Ehrlich gesagt, ich kenn' keine. Besser ist knackig-festes Futter. Das hält die Zähne schön sauber. Bei zu viel Zahnstein geht's leider nicht ohne den Tierarzt.

6 Und schließlich noch die Krallen.

Ohne unsere Krallen läuft nichts. Wir brauchen sie zum Klettern, zur Fellpflege und im Notfall auch zur Verteidigung. Spricht für unseren Besitzer, wenn er sie regelmäßig kontrolliert. Und bei Bedarf ganz vorsichtig mit der Krallenzange kürzt.

Was gibt's neues?
Lausige Zeiten.
Wann war ich letztes Mal hier?
Herbst 97?
Vielleicht erstmal Haare waschen
Wie wär's mit nem Vollbad?!
T. GAY

P. GAY
Deluxe

Nur vom Feinsten

Wie man seine Katze richtig ernährt

Keine Frage: Die Esskultur unterscheidet uns Katzen vom Tier. Dabei sind unsere Ansprüche leicht zu erfüllen. Doch kaum meldet man seine kleinen Wünsche an, hält man uns schon für heikel und verzogen. Wieso vergesst ihr Menschen so oft, dass die Liebe durch den Magen geht?

Von Naschkatzen und Schleckermäulern

Ein bisschen Stil muss sein!

Auch in der edelsten Rassekatze schlummert noch das Raubtier vergangener Tage: Das Beutemachen hat sie nicht verlernt. Nur mit der Beute hapert's. Selbst gewiefte Freilandtiger haben in unseren Betonlandschaften und Ackersteppen häufig genug das Nachsehen. Magere 20 Gramm bringt ein Durchschnittsmäuschen auf die Waage. Satt wird davon keiner, auch wenn der Mäuse-Mix aus Frischfleisch, Ballaststoffen, Vitaminen, Spurenelementen und den pflanzlichen Anteilen im Nagermagen die perfekte Futterbalance für die Katze darstellt. In die Pflicht genommen ist der Katzenmensch: Er muss Sorge tragen für die ausgewogene und gesunde Vollwerternährung seiner Partnerin. Zum Glück gibt es ein reichhaltiges Futtersortiment im Zoofachhandel, das keine Wünsche offen lässt. Und dass man mit den Resten vom eigenen Mittagstisch voll daneben liegt, hat sich ja auch schon herumgesprochen.

Katzen haben Lebensart. Sie sind keine Tiere, die wahllos Futter in sich hineinschaufeln. Für Katzen ist Essen ein echtes Fest der Sinne. Zum gepflegten Dinner gehört das passende Ambiente und vor allem Muße, um sich all die delikaten Gourmethäppchen genussvoll auf der Zunge zergehen lassen zu können.

Horrorvorstellung für Feinschmecker-Katzen: Da wird den sensiblen Kostgängern lieblos der Napf mit dem pappigen Futtereinerlei vor die Nase geknallt, eiskalt aus dem Kühlschrank, am Schüsselrand die verkrusteten Reste von gestern, ringsherum Chaos und Lärm. Und dahinter ein Hektiker, der nervt und zur Eile mahnt: „Nun friss endlich!" Da kann's doch eigentlich keinen wundern, wenn sie sich mit Grausen abwenden. Gelobt sei der Katzenmensch, der Einsicht und Verständnis zeigt und seinem Liebling das Futter so serviert, wie's Katze nun mal gerne hat.

Wir nehmen dann drei mal die Lachsforelle!
Lebend!
T. GAY

Für Fisch könnte ich sterben

Die Geschmäcker sind nun mal verschieden und jeder hat so seine Vorlieben und Macken. Wo zeigt sich das besser als beim Essen?! Es muss allerdings nicht immer Premium-Qualität sein, wir können uns durchaus für Hausmannskost erwärmen. Mit Liebe und zur vereinbarten Essenszeit serviert, appetitlich angerichtet auf sauberem Service – mehr verlangt man eigentlich gar nicht.

Gottlob gehört angegammeltes Futter seit der Erfindung von Tiefkühl- und Dosennahrung der Vergangenheit an. Mit Nierchen, dann und wann Leber oder frischem Fisch und zwischendurch einem kleinen Knabberspaß lassen wir uns gern verwöhnen. Und wenn es die Festmenüs nur zu besonderen Gelegenheiten gibt, akzeptieren wir danach auch wieder Alltagskost. Versprochen!

Das Buffet
ist eröffnet!

Die Basics der Ernährung

Chaos im Napf ist nun mal nicht ihr Ding: Katzen sind Gewohnheitstiere und bestehen auf dem vertrauten Futtermix. Vollwertige Grundnahrung ist daher ein Muss. Dass man sich für Gourmethäppchen begeistert, wenn Herz oder Hühnchen im Angebot sind, versteht sich von selbst.

Julia bekennt

Ich bin eine Dosenkatze

„Bäh ... Dose! Habe ich früher auch gesagt, heute sehe ich das anders. Wenn Matthias mit der Futterschüssel klappert, lasse ich alles stehen und liegen. Seit wir zwei uns auf Dosenmenüs geeinigt haben, gibt's keine Terminprobleme mehr: Pünktlich morgens um 9 und abends um 6 Uhr wird serviert. Qualität und Geschmack sind stets gleich, alles ist knackfrisch und riecht verführerisch. Dass ich das Essen nicht direkt aus dem Kühlschrank mag, hat mein Mensch längst verinnerlicht. Und habe ich mal Bock auf die Geschmacksrichtung Fisch oder Huhn, wird auch das prompt geliefert. Ich bin eine Dosenkatze – und ich bin es gern!"

Alles drin und alles dran

Vegetarisch? Nein danke! Fleisch ist für Katzen lebenswichtig, weil es ihren Bedarf an tierischem Eiweiß deckt. Kohlenhydrate liefern Energie, Fett sorgt fürs schöne Fell und Ballaststoffe sichern die geregelte Verdauung.

Mit Fertigfutter geht man auf Nummer Sicher. Es enthält alle Nährstoffe, Vitamine und Mineralien im richtigen Verhältnis. Sowohl Dosen- wie auch Trockenfutter eignen sich als Vollnahrung. Trockenfutter ist energiereicher. Sein Wasseranteil liegt bei 10 Prozent, der von Dosenfutter bei 75 Prozent.

Die Milch macht's nicht

Kuhmilch verursacht bei vielen Katzen Durchfall. Das einzig wahre Getränk ist und bleibt Wasser. Die Schüssel mit frischem Wasser muss immer erreichbar sein, auch wenn viele Katzen nur wenig trinken, weil sie bereits über ihr Feuchtfutter genügend Flüssigkeit aufnehmen.

Roh ist tabu!

Rohes Schweinefleisch kann die gefährliche Aujeszkysche Krankheit übertragen, rohes Geflügelfleisch ist wegen möglicher Salmonellen-Infektion riskant, rohes Rindfleisch kann mit Toxoplasmose infiziert sein. Fleisch daher vor dem Verfüttern immer kochen. Einseitige Ernährung mit Leber hat Knochenschäden zur Folge.

Gras reinigt den Magen

Gras und Grünpflanzen sind eine wichtige Verdauungshilfe. Sie erleichtern das Erbrechen der Haare, die bei der Fellpflege verschluckt werden. Katzengras gibt's als Schälchen im Zoofachhandel.

Warten auf den dicken Fisch: Die Jagd macht selbst gewiefte Freilandtiger schon lange nicht mehr satt.

➤ **Schlanke Linie:** Die meisten Katzen sind selbstgenügsame und zurückhaltende Esser und haben seltener Gewichtsprobleme als etwa Hunde. Aber auch bei ihnen gilt: Zu viel Fett auf den Rippen macht krank, unter anderem besonders anfällig für Zuckerkrankheit. Fastentage darf man übergewichtigen Katzen nicht verordnen und halbe Rationen im Napf haben wütende Proteste zur Folge. Erfolg versprechender: Futterportion durch Beigabe kalorienarmer Ballaststoffe wie Reis oder Gemüse strecken oder eine spezielle Reduktionskost mit verringertem Eiweiß- und Fettanteil anbieten. Dieses Spezialfutter vom Zoofachhandel oder Tierarzt eignet sich auch als Vollnahrung.

➤ **Diät wirkt Wunder:** Eine Diät kann die Therapie bei Stoffwechselstörungen und Organschäden unterstützen, bringt häufig bei Allergien Besserung und hilft Katzen nach schwerer Krankheit wieder auf die Beine. Selbst zubereiten muss man die Spezialkost nicht mehr, es gibt heute hervorragendes Diätfertigfutter für nahezu alle Krankheitsformen. In jedem Fall sollte die diätetische Ernährung der Katze jedoch vom Tierarzt verordnet und kontrolliert werden. Wichtig: Eine abrupte Umstellung auf Diätkost wird von den meisten Katzen nicht akzeptiert. Empfehlung: Normal- und Diätfutter mischen und den Diätanteil langsam erhöhen.

Dinner for one: Regeln und Sünden

1 Pünktlich auf den Tisch

Bei unseren Essenszeiten sind wir penibel. Pünktlichkeit gehört einfach dazu. Wenn fürs Abendmahl 18 Uhr vereinbart ist, darf es nicht erst eine oder zwei Stunden später serviert werden. Das macht uns richtig sauer.

2 Ruhe ist das oberste Gebot.

Manche Dinge ertragen wir mit stoischer Gelassenheit, Hektik beim Essen allerdings schlägt uns auf den Magen. Bei Störungen an der Futterschüssel reagieren wir daher allergisch. Das müssen auch die Kinder im Haus wissen.

3 Man gönnt sich ja sonst nichts!

Jede von uns hat ein Anrecht auf ihren eigenen Futter- und Wassernapf. Versteht sich eigentlich von selbst. Dass immer am gewohnten Platz serviert wird, natürlich auch. Und bitte schön nicht im Dunstkreis der Toilette!

4 Sauberes Geschirr

Für angetrocknete Essensreste vom Vortag haben wir kein Verständnis. Allen Katzenfreunden sei ins Stammbuch geschrieben: Futterlöffel und -schüssel nach jeder Mahlzeit mit heißem Wasser reinigen. Aber ohne Spülmittel!

5 Kalt schmeckt's nicht.

Wir sind Feinschmecker und lassen uns auch vom Essensduft verführen. Das Menü sollte zimmerwarm (21° C) bis handwarm (37° C) sein. Was folgt daraus? Logo: Futterdose rechtzeitig aus dem Kühlschrank holen.

6 Der praxiserprobte Fütterungs-Timer

Als Kids brauchen wir drei bis vier Mahlzeiten am Tag, für erwachsene Katzen gibt es dann nur noch zwei, eine morgens und eine abends. Die Senioren unter uns bekommen dreimal täglich eine besonders leicht verdauliche Kost.

Sie wünschen?
Will mich nur mal umschauen.
T. GAY

Die Zeiten wo man jedem Wollknäuel hinterhergerast ist, sind doch längst vorbei.
Ach manch-mal juckts mich schon noch.

Komm spiel mit mir!

Warum Katzen Spielspaß ernst nehmen

Höchstens wenn wir richtig krank sind oder schon so alt, dass die Knochen nicht mehr wollen: Sonst aber hält nichts und niemand eine Katze vom Spielen ab. Spielen gehört zu unserem Leben. Ganz einfach, weil wir im Spiel alles trainieren können, was für unser Leben wichtig ist.

Von wilden und von zärtlichen Spielen

Ein Spielchen gefällig? Aber immer!

Spielen ist Kinderkram. Davon sind die meisten Menschen überzeugt und im Tierreich sieht's kaum anders aus: okay für Kinder, Erwachsene aber haben Wichtigeres zu tun als den Tag mit Spielerei zu verplempern. Katzen sind die Ausnahme von der Regel: Sie spielen ihr Leben lang und für ihr Leben gern. Erstaunlich, dass ihnen neben ausgedehnter Siesta, intensiver Körperpflege und Pflichtkontrollgängen durchs Revier nichts Gescheiteres einfällt, als sich in der knappen Freizeit Sport und Spiel zu widmen.

Es muss Sinn machen, wenn selbst Oldies noch vom Spielfieber infiziert werden und es macht auch Sinn: Denn Spielen ist Körperertüchtigung und Kräftemessen, heißt den eigenen Körper und seine Grenzen entdecken, Fertigkeiten perfektionieren und den sozialen Status testen. Nur im Spiel darf die Grenze zwischen Erlaubtem und Nicht-Erlaubtem straffrei überschritten werden.

Für Katzenkinder ist Spielen lebenswichtig. Imponieren und Drohen, Angriff und Verteidigung, Verfolgung und Flucht: Im Kampfspiel mit den Wurfgeschwistern wird der spätere Ernstfall geprobt und das Verhaltensinventar überprüft. Für junge Katzen ist alles eins: Spielen, Kämpfen, Schmusen, soziale Körperpflege. Was immer in Pfotennähe kommt oder sich zum Bisstest eignet, wird zur Beute erklärt – gerne auch der nackte Fuß oder die Hand des Menschen. Angesichts der nadelspitzen Zähnchen ein manchmal recht schmerzhafter Zuneigungsbeweis. Körperhaltung und Mimik signalisieren die Spiellaune – von Katzenbuckel und steifbeinigem Hüpfen über kokettierendes Fang-mich-doch bis zum herzhaften Nackenbiss. Dabei spielt die Lautsprache eine wichtige Rolle: Im wilden Kampfgerangel erkennt man oft nur am besänftigenden Schnurren den Unterschied zwischen Trockenübung und Ernstfall.

Blödes Spiel!
Blödes Spiel!
KRRR
KRRR
P. GAY

Der liebste Spielpartner von allen

Zur Not solo und manchmal auch mit den Blutsverwandten, am liebsten aber mit dem Menschen: Um nichts auf der Welt verzichtet Ihre Katze freiwillig auf die gemeinsame Spielstunde. Und die tägliche Bodenkür bringt mehr als Fitness und Fun. Sie festigt das Band der Sympathie und bedeutet Entspannung pur – für Ihre Katze und für Sie.

Kein Spiel ohne Regeln. Diese fünf garantieren, dass der tägliche Sport-und-Spiel-Spaß mit Ihrer Katze nicht im Frust endet.

➤ **Spielzeit einhalten:** Katzen haben einen untrüglichen Zeitsinn. Für viele sind feste Spieltermine so wichtig wie pünktliche Mahl-Zeiten. Beste Spielzeiten: später Nachmittag und – für Berufstätige – am Abend. Spielpause nach dem Füttern, da hat die Siesta Vorrang. Wird der Spieltermin mehrfach abgesagt, legt Ihre Katze Protest ein.

➤ **Nach Lust und Laune:** Was und wie gespielt wird, entscheidet allein die Katze. Machen Sie ihr Angebote: Bällchen rollen, Spielzeug verstecken, mit der Angel pendeln. Oder steht ihr der Kopf eher nach einem zärtlichen Schmusespiel?

➤ **Mach mal Pause:** Katzenkinder und -senioren ermüden schnell. Vor allem bei wilden Ball- und Jagdspielen viele Pausen einlegen.

➤ **Eine Frage des Charakters:** Manche Katzen setzen immer und überall die Krallen ein. Meiden Sie körpernahe Spiele und erklären Sie Ihren Kindern, wie sie sich vor Verletzungen schützen.

➤ **Spielstopp:** Bei diesen Signalen sollten Sie das Spiel umgehend beenden: angelegte Ohren, peitschender Schwanz, zuckendes Rückenfell, Abwehr mit Pfoten und Krallen.

Solo für Singles

Der Katzentag ist ein Tag der Extreme: Auf ausgedehnte Ruhe- und Schlafphasen folgen relativ kurze Aktivitätsperioden, in denen die Katze hellwach und fast ständig in Bewegung ist. Katzen mit Auslauf starten jetzt ihre Pirschgänge durchs Revier, reine Wohnungstiger wollen spielen und sich beschäftigen. Toll, wenn sich ein verständiger Katzenmensch als Spielpartner findet. Die Zeit dazu haben Berufstätige leider meist erst am Abend. Single-Katzen zeigen sich da erstaunlich flexibel und passen ihren eigenen Tagesrhythmus dem des Menschen an: Während seiner Bürostunden ist Siesta angesagt, damit man nach seiner Heimkehr topfit ist. Doch selbst Katzen dösen nicht rund um die Uhr. Zwischenzeitlich brauchen sie Beschäftigung. Fehlt es an reizvollen Angeboten, kommt man aus Langeweile schnell auf dumme Gedanken, knabbert hier ein bisschen am Perserteppich und den Zimmerpflanzen, schärft dort die Krallen am Sofa oder übt sich im Gardinenklettern.

Beschäftigungsprogramme, die sicher vor Langeweile schützen und Single-Katzen auf Trab halten:

➤ **Laufen und Klettern.** Die allein gelassene Wohnungskatze braucht Rennstrecken: Öffnen Sie vor dem Weggehen alle Zimmertüren – ausgenommen Tabuzonen wie z. B. die Küche. Machen Sie ihr Kletterangebote mit Kletterseilen, Laufstegen und Sitzwarten. Sichern Sie zerbrechliche Objekte im Bücherregal und auf den Schränken. Ein Kratzbaum ist Pflicht.

➤ **Verstecken und Suchen.** Katzen sind geborene Höhlentiere: Ein Umzugskarton mit Einstiegslöchern ist der ideale Zweitwohnsitz, der Kartonrand eignet sich als Knabberobjekt. Wird mit Begeisterung akzeptiert: ein Spieltunnel aus dem Fachhandel.

➤ **Beutespiel.** Tischtennis- und Gummibälle, zerknülltes Zeitungspapier, Feder und natürlich das obligate Spielmäuschen: die perfekten Beutestücke für eine wildverwegene Jagd im Wohnzimmer.

➤ **Tastspiel.** Kleine Löcher in einen Pappkarton schneiden und Ball oder Spielzeug darin verstecken. Die Katze versucht mit der Pfote danach zu angeln. Die Tastbox gibt es auch im Fachhandel.

Katzenspielzeug-Wunderland

Es springt und wippt, quietscht und raschelt und riecht vielleicht sogar noch verführerisch: Gutes Katzenspielzeug spricht alle Sinne an. Ob selbst gebastelt oder aus dem Zoogeschäft: Edles Design ist Katzen schnuppe, oft erobert gerade ein völlig zerfleddertes Spielmäuschen ihre Herzen im Sturm.

Romeo seufzt

Blöde Eifersucht!

„Eigentlich verstehe ich mich ja mit meiner Schwester blendend, selbst am Futternapf kommen wir uns nicht ins Gehege. Nur wenn Matthias abends endlich Zeit für ein Spielchen hat, packt mich regelmäßig die kalte Wut. Ständig muss ich die Ersatzbank drücken, weil er meine Schwester bevorzugt. Ganz toll, Julia, mach's noch einmal, Julia! Und sie schmeißt sich richtig ran. Ich kann's einfach nicht ab. Maule ich dann, heißt es gleich, Romeo ist wieder mies drauf. Ich weiß, Eifersucht ist blöd, aber irgendwann wandere ich aus. Dabei könnte alles so schön und friedlich sein. Ich habe die gleichen Rechte und will auch gleich behandelt werden. Mein Vorschlag: Jeder hat Matthias ein halbes Stündchen ganz alleine für sich und geschmust wird im Nebenzimmer. Das dämpft die Eifersucht."

Mausefalle

Das Innenleben macht's: Im Spielgehäuse zappelt ein Mäuschen am Gummifaden. Die Katze kann es sehen und mit der Pfote danach angeln, aber nicht herausholen. Der Langzeit-Spielspaß ist garantiert. Unterschiedliche Ausführungen und Größen gibt es im Zoofachhandel, auch exklusive Modelle mit batteriebetriebener Maus.

Springinsfeld

Fellmaus, Plüschhase, Federquaste: Das wippende Beutetier am langen Gummifaden lässt keine Katze kalt. Den quicklebendigen Hüpfer kann man mit wenigen Handgriffen selbst basteln, die Fertigmodelle werden mit einer Spezialklemme einfach im Türrahmen befestigt. Ein Muss für alle Katzen, die regelmäßig alleine sind.

Fette Beute

So richtig zum Reinbeißen: die Spielmaus mit buschigem Fell und heller Quietsch-Stimme. Besonders verführerisch, wenn die Lieblingsbeute auch noch nach Catnip (Katzenminze) duftet.

Wundertüten

Bälle, Kugeln und alles, was rund ist: die Dauerbrenner in der Katzengunst. Doch es gibt noch eine Steigerung: den Wunderball. In ihm verbirgt sich ein Kügelchen mit Federn, die bei jeder Bewegung rascheln und für Faszination ohne Ende sorgen. Und genauso aufregend: der Katzenkuller-Plastikball, aus dem beim Spielen immer wieder leckere Drops fallen. Verblüffend anders und ein Aha-Erlebnis für Ihre Katze: Zick-Zack-Bälle, die nicht geradlinig rollen, sondern „Haken schlagen".

Ganz, ganz lieb gemeint, aber das kommt mir nicht in's Haus!!!
P. GAY

Unsere absoluten Super-Traum-Lieblingsspiele

1 Mensch ärgere Dich nicht!

Mit ihm kann man einfach herrlich spielen. Und knuddeln und verstecken und knuddeln und kämpfen und knuddeln und beißen – ach nee, letzteres mag er ja nicht. Die gemeinsame Spielstunde am Abend ist das Highlight des Tages.

2 Pack den Ball!

Wir sind flexibel: Papierkugel, Zeitungsknäuel, Tischtennisball, Plastik- oder Holzkugel – Hauptsache, das Ding lässt sich mit den Pfoten auf Tempo bringen. Volldampfspiele sind gut für unsere Psyche. Sagen die Therapeuten.

3 Katzen in der Kiste

So eine Kiste oder ein Umzugskarton ist ein wahres Wunderding: Man kann sich darin herrlich verstecken, nach tausend Sachen suchen und durch Gucklöcher alle und alles beobachten, ohne selbst gesehen zu werden.

4 Aus die Maus

Ererbte Leidenschaften hat schließlich jeder: Mäuse machen uns Katzen nun mal an. Das gilt auch für eine Spielmaus. Hauptsache mit Fell. Und ganz toll, wenn's drinnen auch noch raschelt und das Mäuschen nach Baldrian duftet.

5 Angeln im Verein

Katze mit Katze? Das geht beim Spielen selten gut. Außer beim Angelspiel. Da schlägt man abwechselnd nach Federbusch und Bällchen, die an einer Schnur hängen. Das Top-Spiel für reaktionsschnelle Katzen.

6 Ohne Netz und doppelten Boden

Free climbing – für uns ein alter Hut. Ein Kratzbaum für Kletterübungen ist das Mindeste. Ein dickes Tau verlangt noch mehr Geschicklichkeit. Hoch kommen wir immer, nur beim Abstieg geht die Eleganz manchmal flöten.

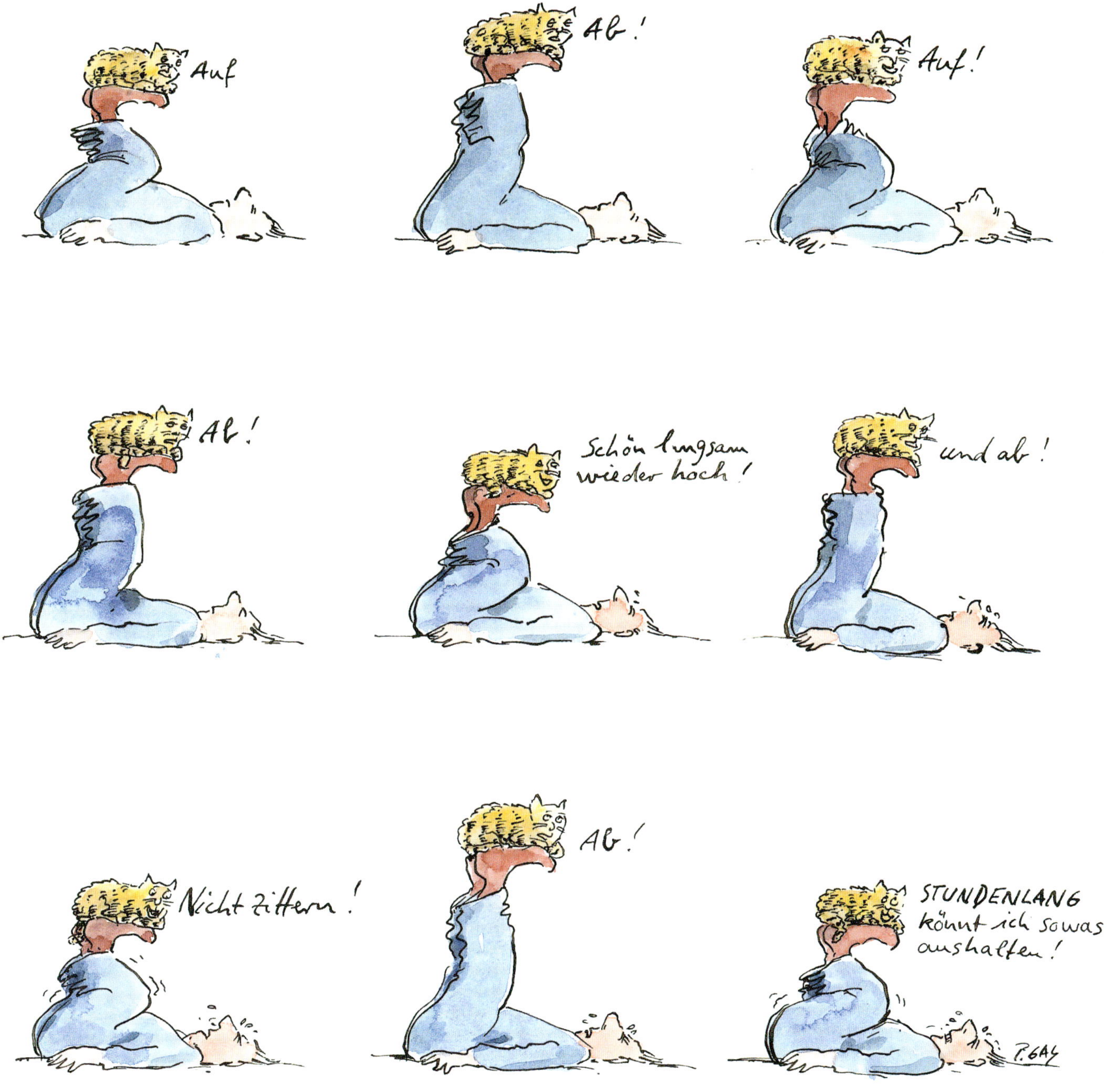

Auf
Ab!
Auf!
Ab!
Schön langsam wieder hoch!
und ab!
Nicht zittern!
Ab!
STUNDENLANG könnt ich sowas aushalten!
P. GAY

Von wem hat er das wohl?
T. GAY

Erziehung? Muss sein!

Wann ein Machtwort fällig ist

Wir sind doch nicht blöd: Wir wissen, was uns gut tut. Krallenschärfen am Sofa zum Beispiel. Warum die Menschen dann die Krise kriegen, ist uns schleierhaft. Wenn's ihnen aber gar so wichtig ist, zeigen wir durchaus Verständnis.

Von kleinen und von großen Sünden

Kleine Macken hat doch jeder!

„Ist es nicht süß? Und so clever!" Klar ist man stolz auf sein gewitztes Katzenkind, das in null Komma nix kapiert, wie man die Wurst vom Tisch angelt. Es fängt immer harmlos an. Vor allem beim Nachwuchs drücken viele Katzenbesitzer beide Augen zu, wenn der sich daneben benimmt. Die Tunichtgute klettern ungestraft an den Gardinen hoch, schärfen die Krallen am Teppich, zerkratzen ihrem Besitzer Hände und Füße, laufen über den Esstisch und machen sich im Bett breit. Richtig lustig. Irgendwann aber nicht mehr. Dann nerven die Katzenhaare auf der Bettwäsche und das gerupfte Sofa verschwindet unterm Schonbezug, sobald sich Besuch ankündigt. Aus den charmanten Eigenheiten verspielter Katzenkinder sind ärgerliche und störende Unarten unbelehrbarer Katzen geworden. Den aufsässigen Tieren wird der Kampf angesagt. Mit Ausschimpfen, Einsperren, Aussperren, Linksliegenlassen und Liebesentzug.

Böse Worte und Strafpredigten machen keinen Sinn und Besserung bringen sie nie. Fühlen sich Katzen zu Unrecht gemaßregelt, sind sie erst einmal beleidigt und reagieren trotzig. Geht ihnen etwas völlig gegen den Strich, fahren sie schweres Geschütz auf: kein Honiglecken mit verbiesterten Kratzbürsten, hartnäckigen Futterverweigerern und Dauerstreunern. Vom Heer der Triebtäter und ihren anrüchigen Visitenkarten in allen Winkeln der Wohnung nicht zu reden. Null Verständnis zeigt eine Katze beim Entzug verbriefter Gewohnheitsrechte. Drei Jahre im Bett und jetzt vor verschlossener Tür? Umzug ins neue Haus und von Stund an Ausgehverbot? Schluss mit Schmusen wegen eines Babys? Nicht mit mir! Und doch sind Hopfen und Malz selbst hier nicht verloren. Katzen sind tolerante Wesen. Vorausgesetzt, man appelliert an ihre Kooperationsbereitschaft und offeriert Mitmach-Angebote.

Bist du wahnsinnig? Das ist ein Designer-Sofa! Sowas kostet ein Schweinegeld!!
Sagmal wie bist denn du drauf?
P. GAY

„Ich bin groß, ich bin stark!“ Katzenbuckel und gesträubtes Fell sollen die Angst überspielen.

Praxishilfe für Problemkatzen

➤ **Toilettenflüchtlinge:** Bisher wurden „Geschäftssachen“ auf der Katzentoilette erledigt. Die meidet man plötzlich und verewigt sich an allen möglichen und unmöglichen Stellen in der Wohnung. Liegt keine Krankheit zugrunde, ist Unsauberkeit meist eine Protestreaktion. Mögliche Ursachen: falscher Standort, verschmutzte Toilette, ungeeignete Einstreu, Störung beim Geschäft. Abhilfe: Toilettenreinigung, neue Einstreu, ruhiger Standort. Oft ist Unsauberkeit die Folge veränderter Lebensbedingungen: Die Katze ist eifersüchtig, muss umziehen, fühlt sich vernachlässigt. Da hilft viel Zuwendung.

➤ **Hasenfüße:** Angst essen Seele auf. Bei Katzen allemal. Übermäßig behütete Jungtiere, die kaum Kontakt zu Artgenossen oder Menschen haben, bleiben oft zeitlebens scheu und nehmen schon Reißaus, bevor der Postbote zum zweiten Mal klingelt. Auch traumatische Erlebnisse – Geschlagenwerden, Bissverletzungen oder Unfälle im Straßenverkehr – können krankhafte Ängstlichkeit auslösen. Abhilfe: Neues Selbstbewusstsein erfordert viel Zeit, Geduld und Zuspruch. Konfrontieren Sie die Katze behutsam, aber konsequent mit fremden Menschen, Tieren und Situationen. Auch eine Behandlung mit Bachblüten – individuell vom Tierarzt erstellt – kann die Psyche stärken.

➤ **Futterterroristen:** In Ernährungsfragen sind Katzen sensibel. Ständige Störung beim Essen, Wechsel der Futtermarke, falscher Standort des Fressnapfs – und schon wird nichts mehr angerührt. Viele Katzen beharren auf dem Lieblingsfutter und verweigern andere Angebote.
Abhilfe: Störungen beseitigen, zur gewohnten Futtermarke zurückkehren, bei verwöhnten Tieren konsequent bleiben, keine Leckerbissen zwischendurch, Lieblingsfutter mit Normalkost mixen.

➤ **Bettelstudenten:** Es nervt! Bei jeder Mahlzeit eine quengelnde Katze am Tisch. Betteln ist hausgemacht. Wer seinem Liebling dann und wann ein Häppchen zusteckt, darf sich nicht wundern.
Abhilfe: Futter gibt's grundsätzlich nur im Napf und gefüttert wird am besten, bevor man sich selbst zu Tisch setzt.

➤ **Tippelbrüder:** Wenn Katzen streunen und tagelang auf die Walz gehen, fühlen sie sich oft zu Hause nicht wohl. Mögliche Ursachen: zu wenig Zuwendung, Alleinsein, Unterdrückung durch andere Katzen, Lärm und Chaos.
Abhilfe: Die Wohnung katzengerecht gestalten, Privatzone respektieren, Liebe und Zärtlichkeit.

➤ **Kratzbürsten:** Anfassen ist nicht. Und wer es nicht beherzigt, macht Bekanntschaft mit Krallen und Zähnen der Katze. Mögliche Ursachen: Eifersucht, schlechte Erfahrungen mit Menschen, Langeweile im Katzenalltag.
Abhilfe: mehr Aufmerksamkeit, mit Schmuse- und Spielangeboten um Vertrauen werben, für genügend Abwechslung und Anregungen sorgen.

➤ **Verhalten und Krankheit:** Verhaltensanomalien können von Krankheiten verursacht werden. Aggressivität durch Tollwut oder Aujeszkysche Krankheit, Unsauberkeit durch Nierenprobleme und Darmparasiten, Futterverweigerung durch Zahnentzündung, Fresssucht durch Würmer und Zuckerkrankheit. Vor Therapiebeginn sollte die Katze daher stets vom Tierarzt untersucht werden.

Julia ist geschafft

Umzug? Nie mehr!

„Warum habe ich das alles nur so mitgemacht? Nach zwei Umzügen hätte ich wissen müssen, dass es in die Hose geht. Wochenlang Chaos und Hektik, nichts am gewohnten Platz. Meinen Schlafkorb fand ich irgendwann im Bad wieder. Natürlich ist mir das alles auf den Magen geschlagen ... und so. Und weil sich ‚und so' auf dem Teppich nicht gut macht, war ich wieder die böse Katze. Und nach dem Einzug der ganze Tumult noch einmal. Dabei läuft ein Umzug zumindest für uns Katzen ganz easy, wenn die Herrschaften ein bisschen mitdenken: Unser altes Zimmer wird bis zum letzten Tag nicht angerührt und in der neuen Wohnung sofort eines für uns reserviert. Die Tür bleibt zu und der Terror draußen. Erst wenn sich alles beruhigt hat, gehen wir dann auf die erste Inspektionstour."

Die Katzenkinder-Schule

Als Problemkatze kommt keine Katze auf die Welt. Katzenkinder sind neugierig auf alles und jeden. Die beste Basis, um ihnen spielerisch die Katzen-Menschen-Welt zu zeigen. Mit Geduld, Streicheleinheiten, Leckerlis und Konsequenz machen Sie in der Katzenkinder-Schule Furore. Wichtig: Kurzzeittraining, die Kids ermüden schnell. Übungsstopp, sobald die Aufmerksamkeit nachlässt. Nicht verzagen, falls das Lernziel zwischendurch einmal in weite Ferne rückt.

➤ **Sauber, sauber!** Jungkatze nach jeder Mahlzeit auf die Toilette setzen. Vormachen, wie man in der Streu scharrt. Bei „Geschäftserfolg“ loben. Die meisten sind mit zwölf Wochen stubenrein.

➤ **Pünktlich zu Tisch.** Von Jugend an nur im Napf füttern. Feste Essenszeiten einhalten. Reste bitte nach 45 Minuten entfernen. Wasser gibt's für die Katze natürlich rund um die Uhr.

➤ **Lieblingsbaum.** Kratzbaum dort aufstellen, wo sich die Katze häufig aufhält. Immer wieder an den Stamm setzen, mit Kratzbewegungen zum Nachmachen animieren. Baldrian oder Katzenminze macht den Baum besonders anziehend.

➤ **Sanft spielen.** Kätzchen haben scharfe Krallen und spitze Zähne und keine Hemmungen, sie im Spiel auch zu testen. Mit barschem „Nein!“ und Stups aufs Näschen zurechtweisen. Auf alle Fälle Spielpause einlegen.

➤ **Auf den Arm.** Jede Katze sollte sich tragen lassen (wichtig bei Notfällen). Auf Unterarm setzen und mit Hand seitlich stützen. Ängstliche Naturen streicheln und beruhigen. Strampelnde Tiere erst mal wieder absetzen.

➤ **Zeit zur Heimkehr.** So kommt Ihre Auslaufkatze pünktlich nach Hause: täglich zu bestimmten Zeiten nach ihr rufen, eventuell mit Trockenfutterpackung rascheln. Erst nach der Rückkehr erhält die Katze ihre Futterration.

Schnurrr
Knurrrr

Benehmen ist (keine) Glücksache

1

Wer schläft schon die ganze Nacht?

Um Mitternacht raus und um 4 Uhr wieder rein – das ist mein Rhythmus. Nur mein Mensch weigert sich ständig, mir die Tür zu öffnen. Jetzt spielen wir abends ganz wild, damit ich müde werde. Seitdem schlafe ich durch.

2

Das ist mein Revier!

Geschäfte erledige ich auf dem Rasen jenseits vom Zaun. Irgendwie ist unser Nachbar nicht damit einverstanden und schimpft wie ein Rohrspatz. Jetzt habe ich ein eigenes Beet in unserem Garten. Das ist sowieso viel schöner.

3

Da kann doch keiner widerstehen.

Versteh einer die Menschen: Erst lassen sie mich alleine in der Küche und dann beklagen sie sich, wenn ich ein bisschen vom Kuchen nasche. Sie sollten doch wissen, dass uns Katzen alles zusteht, was offen und zugänglich ist.

4

Zuerst einmal komme ich.

Ehrlich, ich mag meinen Bruder. Wir sind schließlich blutsverwandt. Am Futternapf hört die Geschwisterliebe aber auf. Da bin ich der Boss und er muss warten. Jetzt werden wir in getrennten Zimmern gefüttert. Auch gut.

5

Mir stehen alle Türen offen.

Wie man hochspringt und die Türklinken nach unten drückt, hatte ich in drei Tagen geschnallt. Meiner Familie passt es aber nicht, dass ich in alle Zimmer komme. Seit gestern haben sie die Türgriffe senkrecht angebracht. Mist.

6

Den Frust lass' ich raus.

Mein Mensch weiß genau, dass ich sauer reagiere, wenn er jeden zweiten Tag zu spät nach Hause kommt. Dann kann er mich mal. Aber er scheint lernfähig: In dieser Woche war er nur einmal unpünktlich. Und ich bin wieder lieb.

Ähem
T'SCHULDIGUNG!
Ja bitte
Kann ich ne Bestellung aufgeben?
Und?
Mein Fressen und ne Milch!
Dauert's lange??
T. GAY

Ich bin total glücklich
Der Mond könnt noch ein bisschen voller sein.

Liebe und andere Laster

Warum Katzenliebe gar nicht so zärtlich ist

Katzen sind leise, sanft und rücksichtsvoll. Jedenfalls bis ihnen die Liebe den Kopf verdreht. Allzu liebenswert zeigen sie sich dann nicht mehr. Die Freier geraten sich oft so heftig in die Wolle, dass die Fetzen fliegen. Die Damen keifen, zieren sich und verteilen derbe Backpfeifen.

Von Sehnsucht, Liebesleid und Mutterglück

Eine Serenade für die Katzendamen

Für die Liebe gehen die Herren Kater meilenweit. Und immer dem feinen Näschen nach, wenn es irgendwo nach paarungswilliger Katzendame duften sollte. Auf die feine Katzenart versucht man die Angebetete mit einem Ständchen zu beeindrucken, was angesichts dürftiger Sangeskünste weniger fein, sondern eher nach Kreissäge klingt. Da richtige Kater vorzugsweise spätabends oder um Mitternacht zu musikalischer Höchstform auflaufen, kommt auch die menschliche Bevölkerung des Viertels in den besonderen Genuss der eigenwilligen Darbietungen. Die werden höchstens dann unterbrochen, wenn sich die Freier in die Wolle geraten und sich gegenseitig die Ohren zerfransen. Ihre Auserwählte lässt sich von Liebesarien und Machogehabe nicht unbedingt nachhaltig beeindrucken. Zunächst einmal zeigt sie sich jedenfalls von der spröden Seite und erteilt allen Heiratswilligen eine herbe Abfuhr.

Sich zu zieren, gehört zum Vorspiel. Wenn's endlich zur Sache geht, haben die Kater nur wenig zu vermelden. Oft entscheidet allein die Katze, wer ihr der Liebste für die Liebe ist. Das muss nicht der Schönste, Größte oder Stärkste sein. Manche Katzendame hält über Jahre einem unscheinbaren Bubi die Treue, der unter seinesgleichen keine Pfote auf den Boden bekommt. Wenn der Liebhaber nach dem Liebesakt allerdings nicht schnell genug Land gewinnt, macht ihm seine Partnerin mit saftigen Ohrfeigen klar, wie überflüssig er jetzt ist. Dass Katzen während ihrer Paarungsbereitschaft nicht nur einen Freier akzeptieren, beweist der Blick in die Wurfkiste: Weil die meist vier bis sechs Katzenkinder häufig von verschiedenen Vätern stammen, fallen sie auch ganz unterschiedlich aus. So ruppig und kapriziös sich die Weibchen in der Liebe geben, so zärtlich und fürsorglich gehen sie mit dem Nachwuchs um.

EIN KLEINER GRÜNER KAKTUS
T. GAY

Die sexte Jahreszeit

Wenn Katzen nur noch Liebe im Kopf haben, brechen für ihre Besitzer harte Zeiten an: Die Weibchen wälzen sich ständig am Boden, rufen kreischend nach Freiern und verweigern häufig das Futter, die Kater lassen sich nächtelang nicht mehr blicken und kommen blutig und zerkratzt zurück.

Romeo ist verliebt

Freiheit, die ich meine...

„O dieser makellose Körper! Das glänzende Fell! Und erst die leuchtend blauen Augen! Sie ist einfach eine Göttin. Leider haben das die Jungs in der Straße auch schon mitbekommen. Und allen macht sie im Moment schöne Augen. Da hilft nichts, da muss ich durch und den anderen Freiern zeigen, wer hier der Boss ist. Aber nachts auf die Walz gehen und sich mit der Konkurrenz um die Damen fetzen – das ist schließlich auch das wahre Katerleben. Nur Matthias und Cornelia machen mir ein bisschen Kummer: Sie plädieren für mehr Häuslichkeit. Bisher habe ich ihnen allerdings immer ein Schnippchen geschlagen. Jetzt haben sie einen Termin beim Tierarzt vereinbart. Der soll mir helfen, meine Hormone unter Kontrolle zu bringen. Keine Ahnung, was das nun wieder bedeutet."

Der Zyklus der Katze

Die weibliche Katze wird mit sieben bis zehn Monaten geschlechtsreif. Danach ist sie mehrmals im Jahr paarungsbereit, meist im Februar, Juni und September. Typische Anzeichen: Wälzen auf dem Boden, großes Schmusebedürfnis, starke Unruhe, lautes Rufen und der Drang ins Freie. Mit angehobenem Hinterteil und seitwärts gestelltem Schwanz signalisiert sie ihre Paarungsbereitschaft. Die heiße Phase dauert drei bis sieben Tage. Wird die Katze in dieser Zeit gedeckt, setzt die nächste Rolligkeit erst nach dem Entwöhnen der Jungen ein, ansonsten aber wiederholt sie sich oft schon nach wenigen Wochen.

Kater sind allzeit bereit

Kater können sich in der Regel ab dem achten bis elften Lebensmonat fortpflanzen. Wie bei den Damen gibt es bei ihnen je nach Rasse aber auch ausgesprochene Schnellstarter und Spätentwickler. Die Herren sind jederzeit liebesfähig, wann und wo immer eine rollige Katze sie ruft. Wohnungskater demonstrieren dabei häufig genug ein erstaunliches Talent als Ausbrecherkönige.

Kinder, Kinder!

Bei der trächtigen Katze färben sich die Zitzen nach drei Wochen rosa und allmählich legt sie auch an Gewicht zu. Nach 63 bis 65 Tagen kommen meist vier bis sechs Kinder zur Welt. Bieten Sie der werdenden Mutter zwei Wochen vor der Geburt eine Wurfkiste an. Gesäugt werden die Jungen sechs bis acht Wochen. Frühestens mit zehn Wochen sollte man sie von der Mutter trennen.

Schlaraffenland für Katzenkinder: Mama ist immer da und kümmert sich um alles.

Was Katzen sonst noch lieben

➤ **Schnüffeln:** Die Katze orientiert sich in erster Linie optisch. Aber auch wenn sie mit Supernase Hund nicht konkurrieren kann, ist sie im Vergleich zu uns ein echtes Nasentier. Mit Duftstoffen markiert sie Revier, Wohnung und durch Köpfchengeben auch Personen ihres Vertrauens und signalisiert so ihren Besitzanspruch. Voll in Trance geraten Katzen, wenn sie Katzenminze oder Baldrian riechen. Ausgelöst wird die harmlose rauschartige Reaktion vom Duft bestimmter Öle in den Pflanzen. Vorsicht ist angesagt: Ein paar Tropfen Baldrianöl locken im Nu alle Katzen der Region an.

➤ **Höhlenerkundung:** Sehen, aber nicht gesehen werden. Die sinnvolle Devise für eine Jägerin, die ihr Erbe auch nach Übersiedlung in die menschliche Gesellschaft nicht verleugnet. Kein Wunder also, dass Kisten, Taschen, Koffer, Verschläge und Schränke Katzen magisch anziehen und sie einer näheren Untersuchung nicht widerstehen können. Das Faible für schwarze Löcher birgt Gefahren: Häufig genug verheddern sich neugierige Katzen in Plastiktüten, deren Innenleben unbedingt inspiziert werden muss, während andere das offene Bullauge der Waschmaschine als willkommene Einladung zur Siesta betrachten ..., allerdings nur bis zum ersten Schleudergang.

Katzenliebe: Kein Frust mit der Lust

1

Klappe zu!

Schön, die Männer finden mich toll. Aber müssen sie gleich alle Hemmungen verlieren und mir bis in die Wohnung nachsteigen? Zum Glück ist jetzt die Katzenklappe gesichert. Schluss mit ungebetenem Besuch.

2

Nulldiät

Meine Familie geht mir auf die Nerven. Ständig machen sie sich Sorgen und halten mir Leckerbissen hin. Nur weil ich keinen Appetit habe. Das ist eben so mit uns Katzen in Zeiten der Liebe. Der Hunger kommt garantiert wieder.

3

Vorsicht Verwandtschaft!

Ich sehe es meinem Bruder am Blick an: Er würde sicher ganz gern. Warum eigentlich nicht, ich bin ja auch in Stimmung. Ob unser Mensch wohl begreift, dass uns Blutsverwandtschaft nicht vor dummen Gedanken schützt?

4

Bitte nicht ärgern

Ich weiß, ich benehme mich im Moment ein bisschen seltsam. Aber dass die Kinder mich deswegen hänseln, gehört sich wirklich nicht. Selbst wenn ich es mir jetzt nicht anmerken lasse: Wir Katzen vergessen so etwas nicht!

5

Ein bisschen Sonne

Das war eine Top-Idee von meinem Menschen. Früher gab es in Zeiten der Liebe immer Ausgangsperre. Jetzt darf ich wenigstens auf dem gesicherten Balkon frische Luft und wohlige Wärme tanken.

6

Ex mit Sex

Kastration heißt das. Ich kam nach der ersten Rolligkeit beim Tierarzt unters Messer, mein Bruder mit neun Monaten. Null Probleme. Mit Sex haben wir jetzt nix mehr am Hut, dafür sind wir noch viel, viel verschmuster.

Was haben wir denn da für ne hübsche Mieze....
Herr Ober – noch so einen Milchshake für das Wildkätzchen...
Willste mal richtige Muckis sehen ?
Ich steh nicht auf Muskelkater!!

Arschloch!
Arschloch!
Arschloch!

Verbände/Vereine

➤ Fédération Internationale Féline (FIFe), Little Dene, Lenham Heath Maidstone, Kent ME17 2BS, Großbritannien
www.fifeweb.org (engl.)

➤ Deutscher Edelkatzenzüchterverband e. V. (1. DEKZV e. V.), Berliner Straße 13, 35614 Aßlar
www.dekzv.de

➤ Deutsche Rassekatzen-Union e. V. (D.R.U.), Geschäftsstelle Hauptstraße 56, 56814 Landkern
www.dru.de

➤ Österreichischer Verband für die Zucht und Haltung von Edelkatzen (ÖVEK), Liechtensteinstraße 126, A-1090 Wien
www.oevek.org

➤ Fédération Féline Helvétique (FFH), Denise Kölz, Solothurnerstrasse 83, CH-4053 Basel
www.ffh.ch

Katzen im Internet

Viel Wissenswertes rund um Katzen bieten:

➤ **www.miau.de**
➤ **www.schmusekatzen.de**
➤ **www.juhukatzen.de**
➤ **www.katzen-info.de**
➤ **www.katze-und-du.at**

Informationen über giftige Pflanzen erhalten Sie unter:

➤ **www.vetpharm.unizh.ch/giftdb/giftf.htm**

Krankenversicherung

➤ Uelzener Allgemeine Versicherungsgesellschaft AG, Postfach 21 63, 29511 Uelzen
www.uelzener.de

➤ AGILA Haustier-Krankenversicherung AG, Breite Straße 6-8, 30159 Hannover
www.agila.de

Registrierung von Katzen

➤ Haustierzentralregister TASSO e. V., Frankfurter Straße 20, 65795 Hattersheim
Tel. 0 61 90/93 22 14
www.tiernotruf.org

➤ Internationale Zentrale (IFTA), Tierregistrierung, Weiherstraße 8, 88145 Maria Thann,
Tel. 01 80/5 21 34 02
www.globalanid.com

Bücher

➤ Armbrust, W./Ludwig, G.: Die Geheimnisse des Katzenlebens. Tecklenborg Verlag, Steinfurt

➤ Edney, A.: Katzen. Von Pussycats und Dschungeltigern. Benedikt Taschen Verlag, Köln

➤ Leyhausen, P.: Katzenseele. Kosmos Verlag, Stuttgart

➤ Ludwig, G.: Katzen. Gräfe und Unzer Verlag, München

➤ Morris, D.: Catwatching. Heyne Verlag, München

➤ Pirincci, A./Degen, R.: Katzen-Sinne. Goldmann Verlag, München

➤ Silvester, H.: Katzensprung. Ellert & Richter Verlag, Hamburg

➤ Warrlich, A.: Mensch und Katze. Gräfe und Unzer Verlag, München

Zeitschriften

➤ Die Edelkatze. Illustrierte Fachzeitschrift für Katzenfreunde. Verbandszeitschrift des 1. DEKZV e. V., Aßlar

➤ katzen. Deutsche Rassekatzen-Union e. V. (D.R.U.), Landkern

➤ Katzen extra. Symposion Verlag, Saarbrücken

➤ Geliebte Katze. Gong Verlag, München

Der Autor

Der Journalist und Zoologe Dr. Gerd Ludwig war Chefredakteur der Zeitschrift „Das Tier“. Er ist Verfasser freier Reportagen zu den Themenbereichen Tier, Natur und Kultur, darüber hinaus Autor mehrerer Ratgeber über Hunde und Katzen.

Die Fotografen

Artemis View/Elsner: Seite 45; Juniors/Born: Seite 9, U4; Juniors/Rutz: Seite 52; Juniors/Schanz: Seite 21; Juniors/Wegler: Seite 33, 62, 73; Schanz: Seite 18.

GU KATZENRATGEBER

damit Ihre Katze sich wohl fühlt

ISBN 3-7742-3053-6
64 Seiten | € 7,50 [D]

ISBN 3-7742-1887-0
64 Seiten | € 7,50 [D]

ISBN 3-7742-1428-X
160 Seiten | € 20,90 [D]

ISBN 3-7742-1667-3
128 Seiten | € 12,90 [D]

ISBN 3-7742-5091-X
128 Seiten | € 12,90 [D]

Die Welt der Katzen entdecken und alles erfahren, was man schon immer über die kleinen Tiger wissen wollte! So klappt das harmonische Zusammenleben von Mensch und Katze von Anfang an.

WEITERE LIEFERBARE TITEL BEI GU:

- **GU TIERMEDIZIN: Sanfte Medizin für meine Katze**
- **GU TIERRATGEBER: Wohnungskatzen**

GU

Gutgemacht. Gutgelaunt.

Der Cartoonist

Peter Gaymann, geb. 1950 in Freiburg im Breisgau, gehört zu den erfolgreichsten deutschen Cartoonzeichnern. Seit seinem 1984 erschienenen Cartoonband „Huhnstage“ sind die Hühner zu seinem Markenzeichen geworden. Seinen Zeichnungen und Drucken wurden zahlreiche Ausstellungen gewidmet, sie erscheinen regelmäßig in Zeitschriften und Magazinen (seit 1990 Stammzeichner von BRIGITTE). Peter Gaymann lebt, nach mehrjährigem Aufenthalt in Rom, als freier Zeichner und Grafiker in Köln. Neben Hühnern und Schweinen findet sich neuerdings auch noch ein anderes Tier in seinem Oeuvre: nämlich die Katze. Denn schon zu seinen römischen Zeiten hat er mit Katzen zusammengelebt.
www.gaymann.de

Einzelabdruckrechte an den Cartoons von Peter Gaymann und weitere Informationen zu seinen Postkarten und Geschenkartikeln erhalten Sie bei:

Cartoon Concept ®
Postfach 1269
30012 Hannover

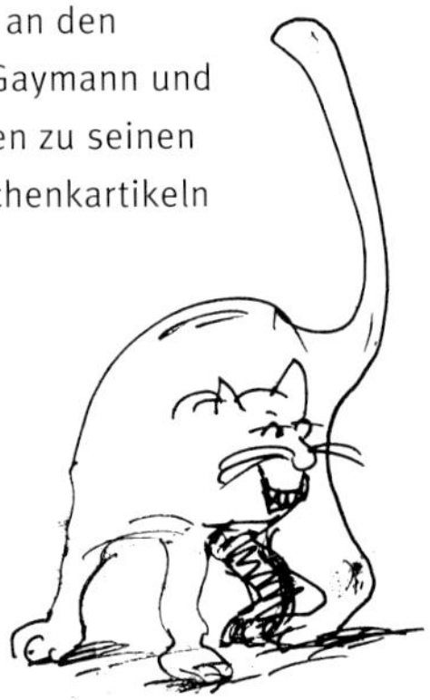

Impressum

Redaktionsleitung:
Anita Zellner

Umschlaggestaltung, Layout und Typografie:
Andrea Schmidt
www.wildatart.de

Herstellung:
Susanne Mühldorfer

Reproduktion:
Penta Repro, München

Druck und Bindung:
Auer, Donauwörth

ISBN 3-7742-5593-8

Auflage	5.	4.	3.	2.	1.
Jahr	06	05	04	03	02

GRÄFE UND UNZER
Ein Unternehmen der
GANSKE VERLAGSGRUPPE

DAS ORIGINAL · GU · MIT GARANTIE

Das Original mit Garantie

Ihre Meinung ist uns wichtig. Deshalb möchten wir Ihre Kritik, gerne aber auch Ihr Lob erfahren. Um als führender Ratgeberverlag für Sie noch besser zu werden. Darum: Schreiben Sie uns! Wir freuen uns auf Ihre Post und wünschen Ihnen viel Spaß mit Ihrem GU-Ratgeber.

Unsere Garantie: Sollte ein GU-Ratgeber einmal einen Fehler enthalten, schicken Sie uns das Buch mit einem kleinen Hinweis und der Quittung innerhalb von sechs Monaten nach dem Kauf zurück. Wir tauschen Ihnen den GU-Ratgeber gegen einen anderen zum gleichen oder ähnlichen Thema um.

Ihr Gräfe und Unzer Verlag
Redaktion Heimtier
Postfach 86 03 25
81630 München
Fax: 089/41981-113
e-mail: leserservice@graefe-und-unzer.de

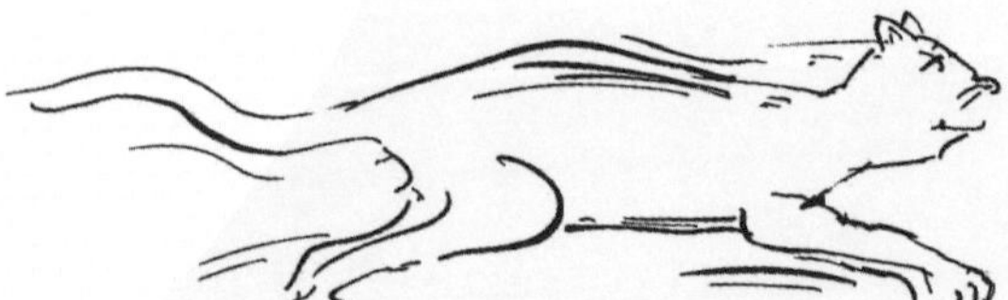